JN437122

고향 가는 길

영덕

고향 가는 길

영덕

임종식

손으로 그리고 마음으로 쓰다

해조음

의사 임종식의 따뜻한 시선

풍경의 인문학

이경숙_ 박물관·수 관장

섬세한 펜으로 소박한 건물들, 도시의 풍경, 일상의 모습들을 잔잔하게 그려낸 화첩들이 긴 시간의 여정을 말하듯 큰 가방에 가득하다. 펼쳐 든 그림들은 엄밀히 말하자면 보이는 것들이 아니라 보고 싶은 것, 혹은 간직하고 싶은 이야기들을 기록한 것들이다. 그렇게 촘촘히 그물처럼 채집된 풍경들을 한 장 한 장 들여다보면 그저 한 편의 드로잉이 아니라 작가의 내면적 성찰과 더불어 세상에 건네는 따뜻한 메시지가 있음을 알 수 있다.

"점점 잃어 버리는 것들, 낯선 어떤 여름날 오후"나 " 해풍에 제 몸 뉘어서 바다와 같이 있는 해송 한 그루 거친 세상에 뿌리 내리고 살아가는 강건한 삶의 향기"와 같은 글들에서 사라지는 아름다운 것들에 대한 애틋한 마음과 풍경을 통해 삶을 관조하고 사유하는 작가의 시선이 느껴진다.

"그것은 어쩌면 내가 마음껏 불러다가 뜨개질하듯 엮어 낼 적막에 대한 향수의 맛일 것이다."

장석남의 이런 문장들을 불러내는 속내처럼 언젠가 사라질 듯한 낮은 추녀의 풍경, 아스라한 부두의 적막들을 그려 넣어 그림을 완성한다. 그것은 회상과 동시에 현실에 대한 자기 확신을 기록한 한 편의 문인화인 셈이다.

그렇게 손바닥만 한 작은 화첩 안에 수를 놓듯 그물을 짜듯 진심을 다해 그리는 모습에서 문득 조선시대 문인화가 조영석의 모습이 겹쳐진다.

왕의 어진 그리기를 마다 할 만큼 그 자신이 화가로 규정되기를 거부했던 조영석의 호는 '관아재(觀我齋)이다. '자신을 돌아보는 집'이라는 의미이다.

그가 남긴 "사제첩"에는 마굿간, 새참풍경, 바느질하는 아낙들과 같은 서민들의 일상을 담은 풍속들이 등장한다. 왕의 어진 그리기를 거부했던 선비가 멋진 풍류를 전하는 산수도 아니고 평범한 사람들의 일상에 눈길을 돌렸던 것은 매우 파격적인 일이 아닐 수 없다.

담담하고 맑은 필체로 대상에 대한 진심어린 애정을 드러낸 그림은 그대로 따뜻한 인간애를 지닌 선비의 모습을 보여 준다. 전문적인 화원(畫員)이 아닌 사대부 출신의 문인화가인 조영석과 의사 임종식은 이 지점에서 닮아 있다. 사람과 세상에 대한 따뜻한 시선과 맑은 감성으로 자신을 경계하던 선비와 풍경을 통해 인문학적 성찰을 끊임없이 하고 있는 작가는 같은 지점에 서 있다.

다른 점이 있다면 그림을 그리는 일이 누구에게나 소통되는 시대인 만큼 조선시대의 선비화가에 견주어 보면 얼마나 행복한지 모른다.

저녁 강 같은 웅숭한 그의 가슴으로 들어온 세상의 풍경들은 화첩 안에서 다시 풀어지기도 하고 스러지기도 한다. 스레트 지붕 아래 푸른 담벽의 실금까지도 놓치지 않는 섬세함은 삶의 한순간도 허투루 살고 싶지 않은 작가의 의지를 말해 준다. 구수한 사투리로 진료 받는 할머니의 마음까지 어루만지는 그의 삶과 그림이 다르지 않은 점이 그의 그림의 진정성을 말해 준다.

2016년 5월의 초여름 영덕의 법륜사를 그리고 그림 속의 10층 탑 곁에 꾹꾹 눌러 쓴 글귀가 눈에 들어온다.

"우리가 진정으로 산다는 것은 새처럼 가난하고 나비처럼 신성할 것.
잎 떨어진 나무에 귀를 대는 조각달처럼 사랑으로 침묵할 것.
그렇게 서로를 들을 것."

이성선의『티베트의 어느 스님을 생각하며』의 책 속의 구절을 옮겨 놓았다.

시에서 새와 가난, 나비와 신성의 의미들을 결합하는 것은 작고도 사소해 보이는 '처럼'이다. 그의 그림들은 새와 나비, 가난과 신성, 혹은 예술이라는 이름으로 정의할 수 없는 지점에서 '처럼' 처럼 사소해 보이지만 세상에 꼭 있어야 하는 자리에 있다. 그 '처럼'은 새와 나비, 가난과 신성의 한정된 범위를 넘어 새로운 이미지의 영역으로 우리의 상상력을 확장해 간다.

그래서 오늘도 무거운 드로잉 가방을 메고 펜을 든 그의 모습은 어느 지점에선가 세상을 밝히는 음유시인처럼 아름답고 소중하다. 한기를 느끼는 늦가을의 풍경 속에 그가 건네는 이야기들을 들으며 따뜻한 겨울을 예감해 본다.

세상의 중심에서 추억을 외치다

윤호우_ 경향신문 시사주간지 〈주간경향〉 편집장

까까머리 중학교를 졸업하고, 1981년 도시에 있는 고등학교로 떠나기까지, 고향 영덕은 우리에게 늘 세상의 중심이었다. 동쪽은 바다, 남북으로 비포장 도로, 서쪽은 높은 재가 있어 그곳은 마치 하나의 성(城)처럼 고립된 곳이었다. 초등학교와 중학교 수학여행 때 이외에는 밖으로 나가 본 적이 없던 나로서는 옛 영덕터미널이 세상의 중심 중 가장 가운데였다. 오일시장-매일시장-오십천-골안-남석동-동밖 등이 세상의 전부였다.

우리만의 성(城) 안에서는 매년 백일장이 열렸다. 계란집 아들은 시(詩)를 썼고, 구둣방집 아들은 그림을 그렸다. 어설픈, 그야말로 치기어린 예술이었지만, 우리는 세상의 중심에서 사랑을 외친 셈이다.

세월이 흘렀다. 한때 우리의 성(城)이었던 영덕이 계란집 아들인 나에게는 늘 글의 소재가 됐듯이, 구둣방집 아들인 그에게는 이제 그림 속의 풍경이 됐다.

그의 따스한 그림을 통해 영덕의 풍경이 하나둘씩 살아날 때마다, 세상의 중심에서 외치던 어린 시절의 그 꿈들이 바스락거리며 몸을 일으킨다.

사람들은 영덕이 동해안 끝자락에 있다고 한다.

친구야, 하지만 우리에게는 영덕은 아직도 세상의 중심이다. 그쟈?

사랑해요 영덕

2년 전 2015년 7월부터 손그림을 그리기 시작했다.

2012년 4월에 『대구를 즐겨라』라는 미천하고도 모자란 졸작을 내놓은 지도 5년이라는 시간이 흘렀다.

내가 경험하는 소소한 일상을 집에서나, 거리에서나, 카페에서 그리기 시작했다.

누구에게나 고향은 존재한다.

어릴 적 내가 뛰놀았던 방죽의 기억들, 좁은 골목길의 추억, 아직까지 남아있는 고향의 낡은 모습들을 그리기 시작했다. 대구에서 고향 영덕으로, 다시 영덕에서 대구로 향하는 여정 속에서 그림 그리는 행위는 계속 이어질 것 같다.

예쁘지는 않지만 사랑스러운 앤처럼 고향은 내게 늘 그러하다.

두번 째로 내는 결과물이라 중압감 내지 부끄러움도 있다. 이제 이 한 권의 책이 고향의 모든 것을 대변할 수도 없지만 내가 고향에 대한 그리움과 추억을 담아서 시작하는 서투른 시작이라는 것에 위안을 가져 본다.

고향을 지키는 이, 고향을 떠나 살아가는 이, 마음속의 고향을 그리워하는 도시인들, 때로 섬처럼 고립되어 살아가는 현대인들에게 고향, 그 아름다운 이름을 기억하는 모든 이들에게 작은 위안이 된다면 더없이 기쁘겠다.

책이 발간되기까지 도움과 전폭적인 지지를 주신 김정철, 이경수, 이정훈, 김은정, 김진성 원장님, 마음과 숲 김은경, 박재완 원장님, 든든한 힘이 되어준 모교 영남대학교 병원, 김준홍, 김성호, 이무웅, 도영우, 서화석님, 존경하는 김진국님, 반지회, 미구회, 동락회, 설수진님과 SJ엔터 식구들, 도명기, 정현규, 영천성모병원 박기선 이사장님, 김상기 상임이사, 이태환 관리이사, 이상엽 홍보이사, 진료부장님들, 좋은 사진을 제공해주신 임정호 선생님, 박물관 수 이경숙 관장님, 윤은하님, 끝까지 수고를 해주신 해조음 대표 이철순, 이성빈님께 깊은 감사를 드린다.

그리고 나의 고향을 기억하는 모든 분들, 66회 동기와 영덕을 사랑하는 모든 분들, 세상에 하나뿐인 큰 누님, 추억을 공유해 오고 늘 사랑으로 나를 품은 세 분의 형님, 그리고 나의 사랑하는 아내, 분신이자 삶의 버팀목인 두 아들 정현, 세윤과 나의 사랑하는 어머님께 이 책을 바친다.

2017년 10월

그림 그리는 의사 임종식

• 차 례 •

남석동

덕곡동

우곡동 · 화개동

강구면

지품면

고향 가는 길

또 다른 고향

남석동

아프면 아픈 대로
힘들면 힘든 대로
모두들 그렇게 살아가는 것…
고향 낡은 스레트 지붕 사이에서 만나는
한 뼘의 자투리 햇살이 너무 고마웠다.

무릉산가는길
영덕군민운동장
화개동
영덕군보건소
영덕
영덕고등학교
화개수퍼
영덕향교
TIAMO
천주교성당
성황당
영덕군청
군청 아래 스레트집
구세군교회
종고골목
법륜사
군청길
새롬의상실
ㄱ) 교육청
ㄱ) 영신 주유소
청자탕
영덕초등학교
남희일집
읍내신협
ㄱ) 동양양과점
황금제과
복진반점
영덕탕
부영라사
농협
한일종합상가
파티마의원
천전교
식육점
애림상회
매일시장
영남의원
천전교 앞 수퍼
개량기와집 작은마당
아성불고기
남석동
천전동
박주희
치과전집
오십천
왕자신발
안수
ㄱ) 야성초교
영덕오일장
순유학집

영덕시외버스
터미널
덕곡동
영덕여고
도메두들
우편수취함
7번국도
고불봉
정상
에덴성회
영덕교회
군민회관 &
읍사무소
우곡동
터널
메타세콰이어 길
숭덕사
왕만두
가스

유년 시절 몹시도 추웠던 겨울
낡은 담벼락 밑 양지 녘에 모여서
옹기종기 모여 놀았던
내 또래 친구들
그 기억들이 햇살처럼 빛난다.

이 골목에서 자랐던 형과 아우들이
명절날 다시 이 마을로 돌아 왔으리라.
그 겨울 담벼락 너머에서 봄꽃이 피더라.

남석동_ 하늘색 스레트집

세단이 주차 되어진 골목으로 들어가면
어릴 적 초등학교 때부터 있던
오래된 영덕 목욕탕 건물이 있다.

늘상 바라본 고향의 한구석
그 기록을 드로잉 북에 간직한다.

남석동_ 초록 스레트집 (영덕 목욕탕 입구 골목)

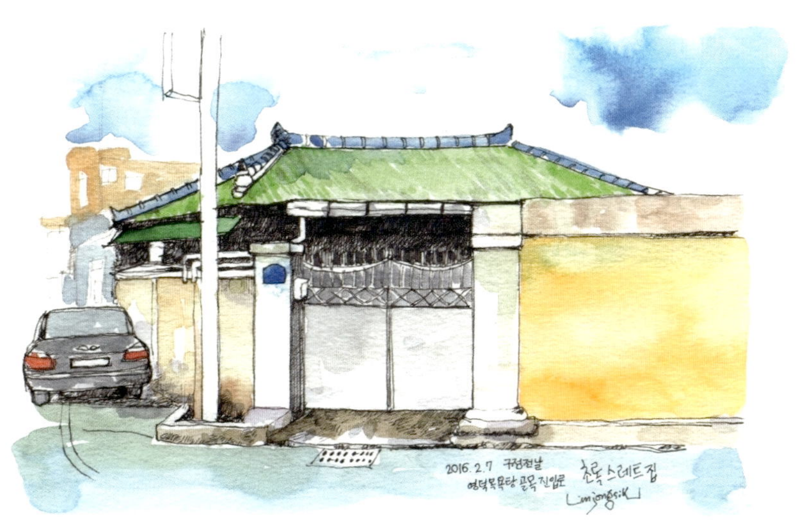

나는 고향을 떠나 대구로 오고
다시 대구를 떠나 고향으로 돌아간다.

낯설기도, 낯설지 않기도 한 타향에서
고향을 그리는 행위는
고향으로의 회귀
근원으로의 여행이다.

남석동_ 영덕군청 아래 성황당

예전에는 영덕 오일시장에 사는 아이들을
장마당에 사는 아이들이라 불렀다.
시간이 지나고 난 뒤 그 장마당이라는 의미를 알게 되었다.

초록 잎사귀 화분들이 보이던 곳
청색 철문 뒤 좁은 마당을 가진 집이었지만
대문을 나서면 장의 공터가 아버지의, 아이들의 공유지였다.
같이 놀고, 같이 외로웠던 우리 시대 함께 한 공동의 장소
그 '우리'라는 단어가 자꾸 없어져 간다.

물질이 풍요해 지고 맛난 것을 먹을 수 있는 요즘이지만
과거의 그것보다 결코 나아진 삶이라고 할 수 없는 건 왜일까?

남석동_ 영덕오일장 장마당 풍경

영덕5일장 (4일. 9일이 장날이다)
2010년 4월 9일

노란색 양은 냄비와
고동색 고무 다라이
고무 물통을 파는 가게

오래되고 재미있는 이야기를
간직하고 있을 것 같은 그런 곳

재래시장에서나 볼 수 있는
빗자루의 투박함이 지금까지 그대로다.

천막, 함석으로 된 집
비닐 봉지를 들고 가는 아지매들
보고 있어도 그냥 정겹다.

늘 복잡한 현실을 딛고
다가올 미래를 준비해야 하는 나는
이곳에서 잠시나마 시간을 매어 둔다.

남석동_ 영덕오일장

아우성 같은 삶을 살다가
가끔씩 고향에서 마주친
오래된 풍경 한구석에서
꿋꿋하게 자리한 어떤 풍경들은
나에게 기운을 북돋우고
지친 어깨를 토닥이며 위로가 되어 준다.

남석동_ 영덕오일장 시장방앗간

바닷물에 헹군 파란 스레트
그 푸른 기운 아래
허름한 일상이 고요히 엎드려 있다.

창백한 회벽 아래
속살처럼 내비치는 황토벽이
따스해 보인다.

남석동_ 영덕오일장 파란 스레트집

고향의 작은 구멍가게

영업은 종료된 듯하다.
대형마트가 들어오고
네파(NEPA)도 설빙도 파리바게트도 들어와 있는
작은 시골마을에
더 이상 찾는 사람 없는 작은 슈퍼와
동네 아저씨와
날 반겨주던 아주머니들도
동네 건달 형들도 자꾸만 사라진다.

남석동_ 천전교 앞 수퍼(2013년)

학교 갈 때면
매일시장(상설시장 : 지금은 시장이 사라졌다)에서
천전동 다리로 가던
그곳에 있던 작은 구멍가게

여름밤에 자전거를 타고 가서 놀다가
평상에 앉아서 놀기도 했는데
그때의 평상인지는 모르겠다.

남석동_ 천전교 앞 수퍼(2015년)

처음 보는 생소한 풍경이 아니라서
울컥할 때가 있다.
고향의 오일시장(5일마다 장이 서는 큰장) 한편의
낡은 떡 방앗간 가게
그림을 보고 울컥했다는
고향 친구의 말에 공감을 했다.
같은 고향에서 살았던
그 공동체의 느낌을 사랑할 나이다.

남석동_ 영덕오일장 떡 방앗간

추석 전날
마실을 걷다 보니
어느 새 영덕시장에 와 있더라.
영덕오일장 장마당이라 불리는
사람 냄새 나는 곳이다.

남석동_ 영덕오일장 장터왕만두

2016. 9. 16.
영덕5일장
장터왕만두

고등어 추어탕은

다른 곳에서 먹어본 적이 없는 고향의 맛
호박잎 위에 밥을 얹고
강된장 조금 넣고 쌈을 싸 먹었다.
멸치볶음, 미역귀는 중학교 도시락 반찬으로
지겹게도 먹었는데도 그 맛이 늘 그리웠다.
고향 친구의 밥집에서 먹는
고향의 추억으로 나는 배부르다.

남석동_ 영덕오일장 시장밥집

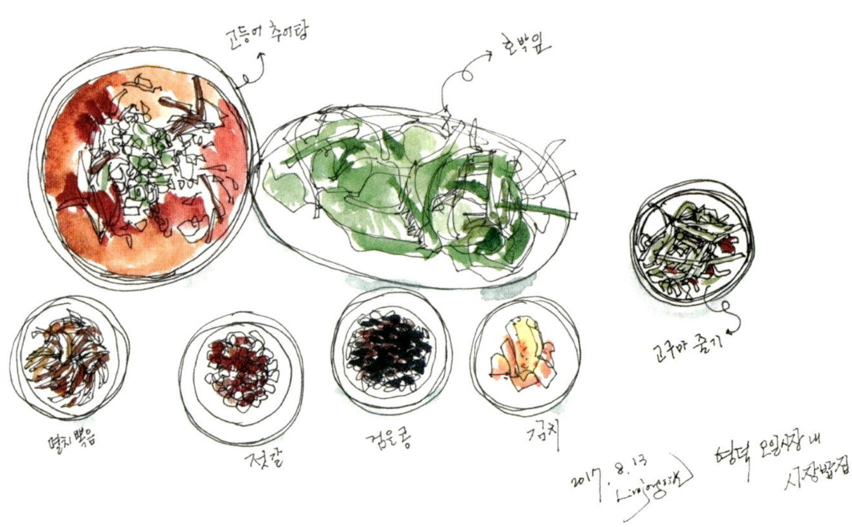

어린 시절 고향 영덕에는
오일시장과 매일시장 두 군데가 있었다.
예전 매일시장에 있던
식육점을 그렸다.

남석동_ 매일시장 식육점 (동식이, 동수네집)

유년 시절

왕자신발 가게는 영덕에서는 굉장히 큰 가게였다.
생필품을 파는 가게가 별로 없던 시절
작은 읍내에 슈퍼, 다방, 주유소, 서점
신발가게 집 아이들은
꽤나 호사스러웠던 것 같다.

그 아이들이 입던 옷이며
들고 다니던 가방
가방 속에서 튀어나오던 학용품
신발은 참 비싼 거였지.

'왕자신발'
이름처럼 왕자 정도가 되어야
운동화를 신을 수가 있었지.
나는 검정 고무신을 신거나
형들이 신던 운동화를 물려받아 신었다.

그 오래된 가게 영덕의 왕자신발 가게는
초등학교 동창 최관철의 집이었다.
지금은 누가 사는지 모르지만
오일시장에 가면 문득 아련해지는 옛 추억과 함께
신발을 고이 간직했던 그 시절이 기억난다.

남석동_ 영덕오일장 왕자신발

복진반점
냉면·밀면·콩국수
복진반점
복진반점
2016.9.20
영덕 복진반점

골목길이 정겨워서
그린 것은 아니다.
사람들은 고향을 떠나고
골목길은 자꾸 사라져버리는 게
두려우면서도 자꾸 아쉬워
나도 모르게 그리게 된다.

나 어릴 적부터 고향에 있었던
적어도 30~40년 동안
몇 번을 옮겼을지도 모를
오래된 중국 요리집이다.

오래도록 고향을 지켜온 골목길을
기억하려고 한다.

남석동_ 복진반점

영덕 읍내의 한일종합상가

이 부근에서
내가 살았던 오래된 집은 사라졌지만
어릴 때 놀았던 그곳,
편의점 앞에 앉아서
추억을 떠올리며
그림 한 장을 그린다.

남석동_ 한일종합상가

고향 영덕에서

50년 이상 그 자리를 지키고 있는
양복점 부영라사

세월의 시간들이 켜켜이 쌓여
하나의 역사를 이루는
그곳이 자랑스럽다.

남석동_ 부영라사

장마당 한편에

간판이 떨어져 나가고

낡은 지붕 밑 흙이 보이는 건물

유년시절의 기억이

스쳐 지나간다.

남석동_ 영덕오일장 영덕가스

오래된 장마당의 집들에 비추는
초여름의 햇살은
오래전 기억을 들추어내고,
무심하게 전해 오는 풍경을 보면
마음 한편이 아려 온다.

남석동_ 영덕오일장 장마당 공터의 트럭이 있는 모습

국민학교 저학년 시절

엄마한테 이끌려 여탕에 따라갔다가
같은 반 여학생을 만나 버린
비밀스런 사연을 간직하고 살아가는
친구들은 지금까지 쉬쉬하고 있다.

남석동_ 청자목욕탕

예전에는 동전만 있어도
먹고 싶은 과자를 살 수 있었다.
집 근처 슈퍼에 쪼르르 달려가면
보물을 찾듯 과자를 고르곤 했지.
지금은 아련한 추억의 장소일 뿐이다.

남석동_ 동양양화점 앞 (1980년 대)

칫솔통
양화점
체육사
체육사
아들
박재민
퐁퐁
양은
노란 세숫대야
쌀 씻는 살람배기(?)
다이알비누

아직도 현실은 늘 고되고 피곤하고
도망을 쳐버리고 싶지만
오래전 그해 겨울 즈음
저녁을 준비하던 시간이었던가

나는 마당 한편 내 방에서
뒹굴고 놀던 고3 시절이였다.
어머님과 체육사 아주머니는
마당 수돗가에서 설거지를 하며 이야기를 나누었다.

체육사 아들 꼬마녀석(그때 5세 즈음)
지금은 30대 중반은 되었겠다.

남석동_ 1980년 대 풍경

나도 그림을 그리므로 화가이다.
그림을 그리는 행위를 하면
프로든 아마추어든
모두 작가이고 화가인 것이지.
그림으로 나를 씻기는 행위.

그림으로 나를 치유하고
그 행위로 소통하고 싶다.

남석동_ 1980년 대 모습

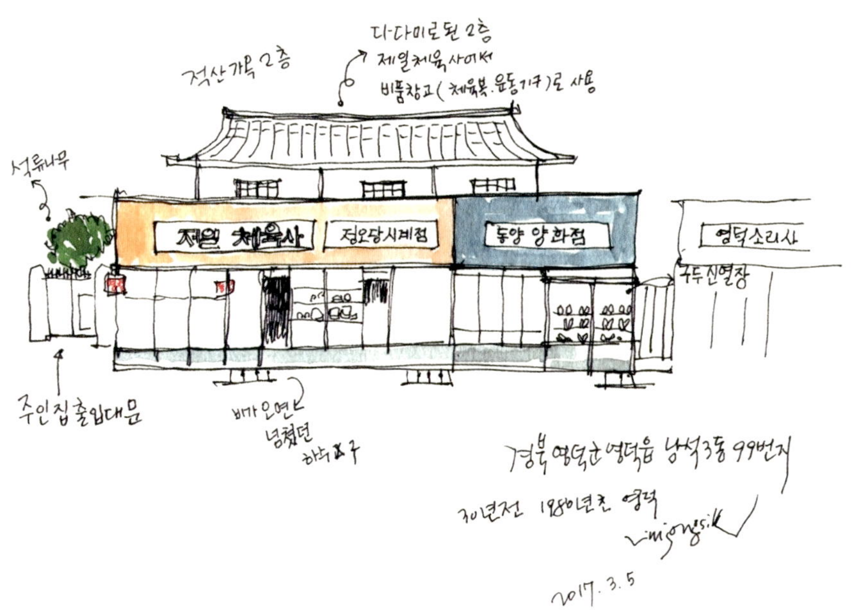

그해 가을

고향의 농협 건물 양곡 창고에
가을 햇살이 내려왔다.

남석동_ 영덕농협 양곡 창고

사랑해요
영덕
신협
2015. 9. 27
추석날 영덕

자전거 한 대만 있으면
우리 읍내 마을을
다 다닐 수가 있었다.
읍내를 걷다가
자전거 한 대를 보고 멈추다.

남석동_ 읍내 신협 (구 교육청 앞)

어릴 적에도 관공서 건물들이

왜 그리 낯설고 위압감이 들었는지는 모르겠다.

고압적이고 딱딱하기만 했던

그 건물들이 이제는 정겹게 느껴진다.

나랑 같이 나이가 들어서일까?

애처로운 동지의식의 발현인지도 모른다.

고향의 얼마 남지 않은 유년시절의 기억들
그다지 친하지 않은 곳이지만
이제야 그 모습을 남겨 본다.

원래 군청과 법원이 같이 있었던 곳이라
상당히 고압적인 외관이다.

법조 건물 검찰청의 외관은
전형적인 좁은 창문과 직선으로
엄정한 법조계를 표현한 듯
상당히 경직되어 있었지만
우리의 삶은 부드러웠으면 좋겠다.

남석동_ 영덕군청

♫ 그대를 만날때면
이렇게 포근한데
이룰수 없는 사랑을 사랑을
어쩌면 좋아요~ ♫

민해경의 '어느 소녀의 사랑 이야기'가
카세트 라디오에서 흘러나오곤 했었다.
자취방으로 걸어 들어갈 때
주인집 안방에서 TV방송이 나오곤 했지.

그리 크지 않은 마당에는
의자 하나 덩그러니 있었고
빨랫줄이 느슨하게
작은 공간을 가로질러 걸쳐져 있었다.

그해 가을에 내리비치던 햇살이
가끔 그리워지곤 해.

남석동_ 개량 기와집 작은 마당

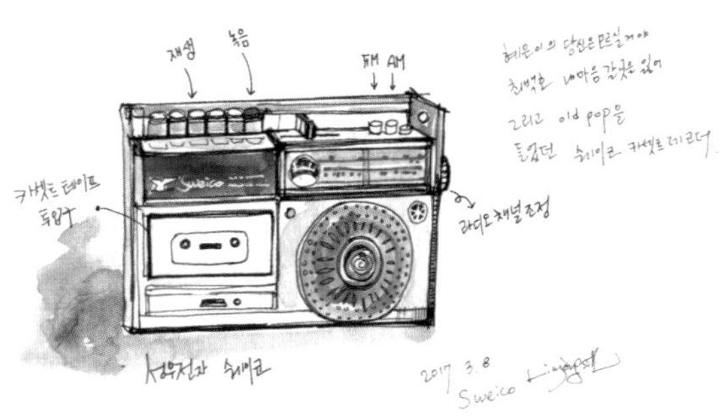

덕곡동
우곡동 & 화개동

풋풋한 첫사랑 냄새가 그리운 그곳
고향 골목길
투명한 햇살이 반짝거렸다.
어머님의 목소리가 골목 저 끝에서
나를 부를 것만 같다.

영덕군민운동장
영덕군보건소
영덕고등학교
한개수퍼
영덕향교
TIAMO
천주교성당
성황당
영덕군청
구세군교회
종교골목
법륜사
군청길
새롬의상실
ㄱ) 교육청
청자탕
영덕초등학교
읍내신협
복진반점
ㄱ)동양양화점
황금제과
영덕탕
농협
부영라사
한일종합상가
천전교
식육점
애림상회
매일시장
영남의원
천전교 앞 수퍼
개량기와집
작은마당
아성불고기
천전동
박주희
오십천
왕자신발
ㄱ)야성초교
영덕오일장

영덕시외버스
터미널
덕곡동
영덕여고
고불봉
도메두들
우편수취함
7 번국도
에덴성회
영덕교회
군민회관 &
읍사무소
우곡동
천용택
집
터널
메타세콰이어 길
숭덕사
정용준집

유년시절부터
고향 읍내에 있었던 주유소
원래 자리에서 영덕초등학교 옆으로
자리를 옮겨 영업을 하다가 현재는 영업 종료

다른 건물이 새로 자리하겠지.
다시 마주하게 될 어색한 만남이 싫다.

덕곡동_ 구) 영신주유소

간판 걸린 지 30년은 된 듯한데

주말에는 영업하는 거 못 봤는데…

주중에 장사하는가?

지금도 영업 계속하는지

궁금한 도마토 분식

덕곡동_ 도마토 분식

30년 전, 영덕여자중학교 교복

동복은 감색 세라복
하복은 흰색 세라복 상의에 감색 치마

아이돌이 광고하는 브랜드 교복이 없던 순진한 시절
영덕 여학생들은 새롬의상실에서 교복을 맞췄다.

입학을 앞둔 여학생들은
설레는 마음으로 의상실에 가서 치수를 쟀다.
엄마는 3년 내내 입으려면 크게 맞추라 했고
여학생들은 될수록 몸에 딱 맞게,
치마는 짧게 하고 싶어했다.

선금을 내고 교복이 완성될 때까지
조바심을 내며 기다렸다.
재단이며 재봉틀까지 분명히
주인 아주머니 한 분 솜씨인데
완성된 교복은 저마다 조금씩 달랐다.

누구는 상의가 잘록하니 이쁘다 하고
누구는 치마가 너무 길어 마음에 안 든다 투덜댔다.

그래도 한 벌 뿐인 교복,
3년 내내 반질반질
옷소매가 닳도록 입고 다녔다.

덕곡동_ 새롬의상실 (영덕종고 골목)

구 영덕교육청 옆
일식 양옥 건물

초등학교 시절부터 있었던
영덕의 오래된 건물이다.

덕곡동_ 구) 교육청 옆 일제 강점기 양옥

2016 추석 연휴

영덕종고 가던 골목에 자리한 카페
영덕 읍내의 골목에도
도심의 커피 가게가 보인다.

예전의 추억이 있던 그곳에 자리잡은
산뜻한 외관의 커피숍이 낯설다.
약간 더웠던 날씨라서
아이스 아메리카노 한 잔 마셨다.

덕곡동_ caffe TIAMO

내가 사랑하는 골목길에 대한 기록
중학교를 다니던 시절
이 골목으로 등·하교를 했었다.

식당이고 거실이고 놀이터이고
때로는 여름날 낮잠자는 곳이기도 했던
그때의 골목길
5월의 햇살이 뭉클하다....

2016. 5. 7
영덕 화림APT 앞 골목
Limjongsik

내가 사랑하는 골목길에 대한 기록

중학교를 다니던 시절
이 골목으로 등 · 하교를 했었다.

식당이고 거실이고 놀이터이고
때로는 여름날 낮잠 자는 곳이기도 했던
그때의 골목길

5월의 햇살이 뭉클하다.

덕곡동_ 화림 아파트 앞 골목길

국
어
2017. 6. 14.
옛날 영덕초등학교 모습

교가

밑불손 고불봉 드높이 솟고
오십천 맑은물이 감도는 땅에
무궁화 송이송이 피어나는 곳
굳게 닦아 우리배곳 영덕국민교

넓은 운동장, 흙먼지 날리던 그곳,
커다란 미루나무,
운동회의 북적거림,
친구들,
국민교육헌장
가끔 그런 것들이 아련하다.

덕곡동_ 영덕국민학교 (1970년 대)

부모님께 큰 절하고 대문 밖을 나설 때
김광석의 노래처럼 시골에서 대구로 유학을 하러 떠날 때
법륜사 돌계단 앞에서 우리 마을을 내려다보면서
많이도 아련해 했었다.

덕곡동_ 법륜사 계단에서 내려다 본 풍경

아침 식사 후 어머님 아파트 앞
작은 동산에 올라서 현장 스케치를 하다.

보살님과 스님이 연등을 달기 위해서
절 마당을 분주히 다닌다.
내 마음에도 세상 밝히는 등불 하나 달아 본다.

새처럼 가난하고
나비처럼 신성할 것

- 이성선의 『티베트의 어느 스님을 생각하며』 중에서

덕곡동_ 영덕 법륜사 5월의 아침

햇살로 인한
나뭇가지 그늘이
회색빛 기와에 맺혀 있는 모습은
얼마나 아름다운가?
마치 호수의 은빛 햇살이
찰랑이는 것처럼

사찰에서 보는 풍경 하나하나는
늘 평정심을 주는 기쁨이다.
고향의 작은 언덕 위에 있는
조그마한 사찰을 둘러보는 일은
늘 사소한 즐거움을 준다.

덕곡동_ 법륜사

일단 나가서
그리기 참 좋은 날씨이다.

그늘에 앉을 수만 있다면
많은 그림을 그릴 수가 있다.

다작을 위한 것은 아닌데
고향 어반 스케치는 그래도 될 듯
빨리 그린다고 해서
대상에 대한 애정이
사라지는 것은 아닐테니…

덕곡동_ 천주교 영덕성당

영덕 천주교 성당
성모 마리아상
이젠 잊기로 해요.
이젠 잊어야 해요.
사람없는 성당에서 무릎꿇고
기도했던 것 잊어요.
2016. 5. 8 천주교
영덕성당
Limjongsik.

성탄절 장식들이 작은 불을 밝혔고
읍내 거리에는 성탄의 분위기로 들썩거리던
그 해 겨울
구세군 골목길로 오르던 그 작은 길 위의 추억이
참 오래 지나가 버렸다.

덕곡동_ 구세군교회

순정영화 하이틴 배우들이
껌 광고를 하였고
여대생들의 고상한 소품의 하나로
껌이 차지를 하였으니
격세지감이다.
껌 값이 껌 값이 아니었던 그때
껌의 위상에 대해 잠시 생각하다.

녹슨 우편 수취함과
빛바랜 롯데껌 뉴쥬시후레쉬
광고판이 있던 고향의 어느 골목길
'껌이라면 역시 롯데~~껌'
아련하게 CM송이 들려오는 듯하다.

덕곡동_ 롯데껌 그리고 우편 수취함

읍내를 천천히 거의 다 돌아다녔다.
이제는 옛 추억을 찾을만한 것들
사람도, 건물도 없어져간다.
겨우 겨우 찾아내는 예전의 시간들이
반갑기만 한데 애잔하다.
음력 8월 대보름
■ 사진 2013. 9月 고향영덕
영덕 남석2동
■ 그림 2016. 5. 17. 골목에서
Limjongsik

이제는 옛 추억을 찾을 만한 것들

사람도
건물도 없어진다.
겨우겨우 찾아내는
예전의 시간들이 반갑기만 한데…
애잔하다.

유과는 사라져가지만
풍성한 한가위를
고향에서 보낼 수가 있어서
그나마 다행이지.

덕곡동_ 파란색 문틀 유과 만드는 집 (최무형 앞집)

화개동으로 걸어 다녔다.
사진으로 근사하게 남길 것도
이제는 사라져 가는 고향

낡은 의자 몇 개쯤 나와 있고
담배 포스터가 책상의 포스트잇처럼 항상 붙어 있고
맥주나 소주 광고용 포스터로
외부가 장식되어 있는 슈퍼의 모습
아! 초록색 줄무늬 차양도 늘 필수 아이템이기도 하지.

추억이 있던 어린 시절의 골목길에 왔지만
간혹 생경스러운 어색함으로 곤혹스럽다.

친구들은 뿔뿔이 흩어져서
각자의 삶을 살아가지만
골목은 언제나 그 자리에 있다.
그 골목이 아주 많이 변한 것도 아닌데
마음이 허하다.
돌아올 수 없는 흩어진 시간의 추억들을
잠시 꺼내 본다.

화개동_ 화개수퍼

우곡동_ 에덴성회 영덕교회

길을 지나는
어떤 낯선 이의 모습속에도
바람을 타고
쓸쓸히 춤추는
저녁연기에도
뺨을 스치는 어느저녁에
그 공기속에도
내가 보고 듣고
느끼는 모든것에 니가있어 그래
어떤가요
그댄 당신도 나와 같나요
어떤가요 그댄
기억을 걷는시간 - 넬
2008.8
고향골목길
20150808
Limjongsik

우곡동_ 전봇대

강구면

내게 위로가 되어 주고
나를 안아 준 바다
그리운 동해바다, 영덕

경상북도 영덕군에서 가장 큰 항구이자 대게로 유명한 곳이다.
영덕의 주요하천 오십천(五十川)이 강구항 남쪽을 통해
바다로 빠져나간다.
드라마 『그대 그리고 나』 촬영지로 유명해지면서
관광명소가 되었다.

영덕 8km
7번 국도
강구대교
강구대게 축구장
농협
햇살에 반짝이던 빨래
영덕대게 파는 식당들
동광어시장
해파랑 공원
횟감 파는 곳
강구수협 냉동공장
회손질 아지매
포항해양경찰서 강구파출소
강구버스 터미널
강구파출소
강구항
강구초등학교
오포리 해변
강구등대 (빨간)
오포등대 (하얀)
동해
포항 110km

내게 위로가 되어주고
나를 안아준 바다
그리운 동해바다. 영덕

강구면_ 강구항 앞바다

쓰레기 봉투(50

영덕 읍내를 돌다가
사진을 더 찍고 싶어서
차를 타고
영덕읍에서 가장 가까운 곳인
강구면으로 나간다.
8km밖에 안 되는 곳이다.

빨래에도
바다의 짠 삶의 내음이
나는 듯하다.

오후의 햇살을 받아서
반짝이는 모습이 강렬하다.
마치 해풍을 친구처럼 살아가는
해송의 모습처럼

강구면_ 햇살에 반짝이던 빨래

바닷가 한편에 생선을 널어말리고,
오징어가 빨랫줄에 걸린 풍경
그런 허스름한 짠내 나는 집을지나쳐야
마음이 편안했다.
2013.7.30 강구동광회시장 포구
그림 2016.6.12

가난한 포구의 흔적들과
비린 삶의 냄새 그리고 고단함
해안선을 따라 돌아가면
바닷가 한편에 생선을 널어 말리고
오징어가 빨랫줄에 걸린 풍경

그런 허접한
짠내 나는 집을 지나쳐야
마음이 편안했다.

강구면_ 동광어시장 앞 도로

이 죽일 놈의 고독은 취하지 않고
나만 등대 밑에서 코를 골았다
술에 취한 섬 물을 베고 잔다
파도가 흔들어도 그대로 잔다

강구면 오포리_ 하얀 등대

그림 2016. 6. 14 Limjongsik

술에 취한 섬
물을 베고 잔다
파도가 흔들어도 그대로 잔다
저 섬에서 한달만 살자
저 섬에서 한달만 뜨는으로 살자
—이생진 그리운바다 성산포 中에서
2016.5.8. 강구항
동광어시장 앞 Limjongsik

횟감을 사러 강구항에 갈 때
늘 마주치는 풍경

동해바다 한 잔의 소주 빛처럼
고혹적으로 내게 다가온
고향의 바다

강구항_ 동광어시장 앞바다 선박

고향에서
특히나 눈 내린 항구를 보는 게
낯설면서도 경이롭다.

회를 사러 가는 형님들
뒤를 따르며
뭔지 모를 행복감에
가슴 설레며…

뜨거운 여름
늘 바다의 푸른 빛만 보다가
눈 내린 겨울 포구의 어시장은 신비롭다.
눈시울이 찡해졌다.

강구항_ 눈 내린 포구 (겨울)

동광어시장
어시장
겨울저녁 눈내린 강구항
2011년 2월 오후 4시
2016. 5. 11. Drawing.

강구면 금진리_ 어부의 작업 모습

나는 바람으로 태어나
봄날의 미풍이 되어
당신의 뺨을
스치고 지나갈게요.

강구면_ 강구수협 냉동창고 앞바다

삼성
2016. 11. 영덕 강구항
Limjongsik

영덕이라는 장소와
그 장소에서 보낸 시간의 궤적들이
오래오래 켜켜이 쌓인다.

평일 오후의 강구항은 한산하다.
사람들이 빠져나간 쓸쓸함보다
오히려 한가하고 여유롭다.

더 나은 미래를 위해 살다가
고향에 모여든 오남매들은
어머님이 차려준 밥상에서
예전에 늘 그랬듯이 밥을 먹었다.

언제나 막내인 나는
여전히 술 심부름을 다니지만
참 즐거운 막내이다.

강구면_ 동광어시장 앞바다 선박

고향 바다의 짠 내음은
언제나 향수를 불러 일으킨다.
그리움의 언저리에 서서
무심히 바다를 바라본다.

강구면_ 강구항 민간 해양구조대

회 50,000원
멍게 10,000원, 개불 10,000원 어치
이만하면 형님 내외랑
모두들 충분히 먹는다.

강구면_ 강구항에서 회 손질하는 아주머니

강구면_ 강구항 오포에서 본 어시장

내게 있어서 동해바다는 투명한 유리잔에 담긴술. 한잔의 소주를 연상케 했다.
어느때엔, 유리잔 벽에서 이랑지어 흘러내리는 소주 특유의 근기를 느껴
메스껍기도 했지만, 대체로 그것은, 단숨에 들이켜고 싶은 고혹적인 빛깔이었다.
파르스름한 바다. 그 바다가 있는곳 묵호.
묵호의 바다는 유리잔에 담긴 술처럼 맑고 맑았다. 그리고 술처럼 독했다.

— 심상대 소설 '묵호를 아는가' 中에서 —

살아서 고독했던 사람
그 사람 빈자리가 차갑다
아무리 동백꽃이 불을 따워도
살아서 가난 했던 사람
그 빈자리가 차갑다

강구면_ 강구항 등대

나는 떼어놓을 수 없는 고독과 함께
배에서 내리자마자 방파제에 앉아 술을 마셨다
해삼 한 토막에 소주 두 잔

2015년이 아니고
2016년 1월 9일 경북 영덕 강구항 Limjongsik

강구면_ 강구수협 앞 바다

강구 수협 냉동공장
2017. 9. 28
강구항 Limjongsik

지품면

나는 오래되어
낡고 헤지고
빛바래져 가는 것들에서
연민과 사랑을 느낀다.

경상북도 영덕군에서 중서부에 있는 면으로
영덕의 하천 오십천(五十川)연안을 따라
경작이 행해지며, 잎담배·마늘·약초등 특용작물재배
과수재배등이 활발하다
관광지로는 경주 김씨 집성촌인 눌곡종택이 있다.

울진
7번국도
병곡면
고래불해수욕장
창수면
안동국도
대진 해수욕장
영해면
축산면
동해
지품면
수암
담배창고
눌곡종택
눌목농가
영덕읍
상주-영덕 고속도로
지품면
강구항
강구면
삼사해상공원
고향 가는 길
달산면
팔각산
남정면
장사리
나룻터 횟집
바다마을
원척리
바다마루 펜션
하진갯바위낚시
하진휴게소
투썸
린도펜션
흥해 오도리
마을회관
뚜꺼비 횟집

낯선 어떤 여름날 오후의 적막
내 시선을 멈추게 한 마당 한편

점점 잃어버리는 것들
오후의 적막에 멈추다.

그것은 어쩌면
내가 마음껏 불러다가 뜨개질을 하듯
엮어낼 적막에 대한 향수

– 장석남 산문집 『적막』 중에서

지품면 눌곡리_ 농가의 마당

마을에서 제일 높은 곳에
위치한 정자에
여름 같은 햇빛이 내렸다.
적요한 오후라서 더 쓸쓸하다.

지품면 눌곡리_ 눌곡종택 부근 정자

할머니는 밤을 주어다가 생밤 그대로
말라 비틀어진 것을 보관하고 계시다가 어린 내게
쥐어 주었다.
추석 때나 겨울에 가도 그 밤을 주곤 했다.
그 단단한 밤을 쥐어주던 할머니의 마른 손길과
딱딱한 밤이 지금도 생각난다....
2010. 9. 블로그 글 중에서
사진 2010. 9. 18
그림 2016. 7. 3
장소 영덕군 지품면 수암리

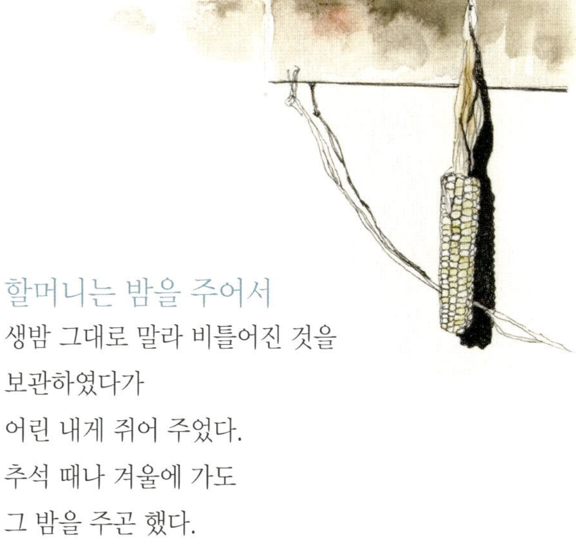

할머니는 밤을 주어서
생밤 그대로 말라 비틀어진 것을
보관하였다가
어린 내게 쥐어 주었다.
추석 때나 겨울에 가도
그 밤을 주곤 했다.

그 단단한 밤을 쥐어 주던
할머니의 마른 손길과
딱딱한 밤이 지금도 생각난다.

지품면 수암리_ 농가 창고의 뒤 안

둥글레 산에 올라 무릇을 캐고
활나물 장구채 범부채를 뜯던 소녀들은
말끝마다 꽈소리를 찾고

개암쌈을 까며 소년들은
금방망이 놓고 간 도깨비 얘길 즐겼다.

언제든 가리 나중엔
고향 가 살다 죽으리
모밀꽃이 하이얗게 피는 촌
조밥과 수수엿이 맛있는 고을
나뭇짐에 함박꽃을 꺾어오던 총각들
서울 구경이 소원이더니
차를 타보지 못한 채 마을을 지키겠네

노천명의 망향 中에서

2015. 6. 19
Lim's

고향

담배씨로 뒤웅박을 짠다는
속담 때문에
담배씨가 얼마나 작을까 궁금했다.
채송화씨 보다 더 작다.

오래된 담배창고는
들어본 적 없는 속담처럼
낯선 풍경이다.

지품면 수암리_ 담배창고

고향 가는 길

아, 어느 개인 날
낯선 동네가 되어 버린 그곳에
작은 꽃들이 피면…

바다를 바라보며
해풍(海風)에 제몸 뉘어서
바다와 같이 살아가는 해송 한 그루
거친 세상에 뿌리 내리고 살아가는 강인한 삶의 향기

책 임종식_대구를 즐겨라 中에서 P168

영덕 장사해수욕장
2016. 6. Limjongsik

고등학교 때 고향을 떠나
장년이 된 지금까지도
늘 고향을 오가면서 만나는
바닷가 국도변 해송 한 그루

굳건히 뿌리내려 버티어 온
그 세월 속의 힘을 배웠나 보다.

대구에서 고향 영덕으로
다시 영덕에서 대구로 향하는 여정 속에
그림 그리는 행위는 계속될 것이고
나는 그게 좋다.

그 자리에서 나를 지켜온 것들을
하나하나 그려내야겠다.

남정면 장사리_ 해송

노란 벽에
초록색 민박이라는 글씨가
초등학생이 쓴 글씨처럼
아련하면서도
그리운 것들이다.

남정면 장사리_ 나룻터 횟집

고향 가는 길

동해 바다 길로 접어들어

작은 포구마을 언덕에서

바다를 그렸다.

남정면 원척리_ 바다마을

고향으로 가는 7번 국도에서
마주치는 풍경 중 하나
이국적인 건물이
바다 빛을 닮아 시원하다.

화진리_ 7번 국도 바다마루 펜션

그해 겨울

겨울 같지 않았던 지극히 포근하고 따스했던 날
이른 봄이 수평선 너머로부터 찾아들던
바닷가 작은 마을
전봇대의 게으른 긴 그림자가 드리운 포구에도
곧 봄이 오겠지.

흥해 오도리_ 두꺼비 횟집 앞

고향에 들어가는 길

가끔 바닷가 해변의 카페에서

커피 한 잔 마신다.

흥해 오도리_ 린도 펜션 카페

포항에서 영덕으로 가는
7번 국도 해안가
화진휴게소 커피숍

진한 커피향이
마치 고향 같다.

화진리_ 화진휴게소 투썸플레이스

화진 갯바위 낚시
낚시
얼음
고향가는길 화진갯바위낚시
2016. 2. 16. Limjongsik

여름이면
우리나라에서 가장 아름다운
드라이브 길로 꼽히는
7번 국도 해안도로를 달리고 싶어진다.

해맞이 공원에서 차를 멈추고 내리면
그 넓은 바다를 품을 수 있다.

그 바다를 바라보며 지낸 어린시절과
청년을 보낸 지금
여기에 다시 선다.

장미향내 실어 나르는 초여름 저녁이나
복사꽃 흩날리는 봄밤에 다시 찾으리라.
갯바위에서 낚시나 해 볼까?

화진리_ 화진 갯바위 낚시

또 다른 고향

고향,
익숙함의 또 다른 이름
어디서나 정들면 고향이 된다.

남대문 근처, 남대문 시장

서울에서도 엄청 큰 시장이지만
이제는 홈쇼핑, 인터넷 대형 매장, 백화점에 밀려서인지
처음 와 보는 내게도 그 생기가 사그라져 가는 듯하다.

하얀 입김을 불어대며 서 있는
상인들의 체온이 식어가는 것처럼
남대문의 역사도 잊혀져 가는가?

서울_ 숭례문

3년 전 서울에 갔을 때도
오늘처럼 쌩쌩 꽃샘추위가 있던 날이었다.
『서울의 시간을 그리다』라는 책을 탐독하다가
급격히 서울로 날아가고 싶다는 생각이 가득했다.

그날 먹었던 노가리 안주가 삼삼하다.
사람의 창에 기대어
서울의 그리움을 그리워하고 있다.

서울_ 서울역

서울_ 후암동

후암동의 오래된 집들, 골목과의 만남은
인생이라는 여행에서 수도 없이 만나게 되는
그런 '예측하지 못한' 일이었다.
비행기를 타고 날아간 태평양 너머의 어느 도시에서
506번 버스를 타고 찾아간 서울의 낯선 골목에서
우리가 전혀 기대하지 못했던 것들과 조우하는 것은
그것이 바로 인생이고 여행이기 때문이다.

– 정연석의 『후암동 기록』 중에서

현우야, 정주야

너희랑 이번 서울 가서도 술 한 잔 못해 아쉽다.
12월에 만나서 찐하게 한 잔 하자.

어린 시절 골목길에서 놀며 같이 팝을 들으며 보냈던 그 시절
늘 내 곁에서 나를 지켜 주었다.
이 나이까지 서울에서 나를 안내해 주는
늘 버팀목 같은 너희들이 좋구나.
좋다는 말로는 많이 부족하지만…

서울_ 북촌

서울_ 인사동 골목

매일 아침 출근길에

동네 골목 어귀에 있는 파리바게트에서
따뜻한 커피 한잔 Take Out
빵가게의 빵 굽는 갈색 향기의 부드러움과
초등학생 꼬마들의 등굣길 미소를
바라다보는 시간이 좋다.

기지개를 켜며
시작하는 도시의 아침
나는 커피 한 모금씩 마시며 출근한다.

대구_ 파리바게트 범어점

칠성시장
의료기
주방그릇
창성종합 주방그릇도매
모자
가방
모자

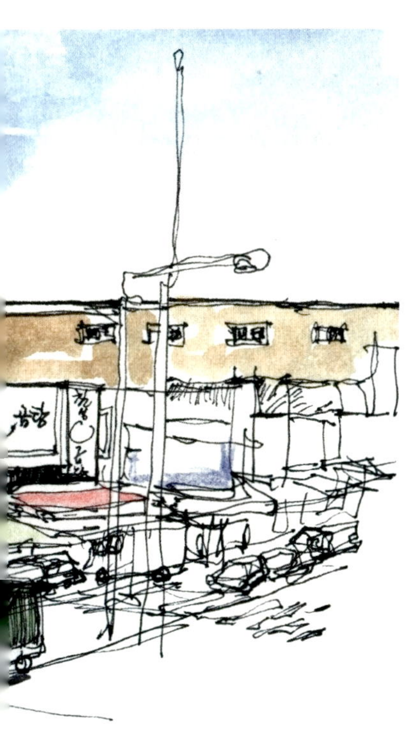

시장에는
물건만 사러가는 것이
아니었음을…

대구_ 칠성시장

강가에 차를 세운다.
차에서 내려 강가에서 불어오는 향긋한 바람
그 따뜻한 향기를 맡는다.

사그라져가는 들풀과 수초 그리고
유유히 흐르는 강물처럼 살아가고 싶은 것이다.
나는 오늘도 그림으로 남긴다.

영천_ 조양각

오늘에 이르도록
유교적 절의를 지키는
후손들이 고맙기만 하다.

영천 화남면_ 귀호리 귀애고택

화남면에서 청통면 호당리로 가던 길가

어느 시골 마을이다.
나는 우리나라가 참 좋다.
물론 외국의 풍경을 보면 아름답고 찬란하지.
바로크, 로코코 양식의 화려함에는 감동이 없다.
고흐의 정열과 클림트의 화려함은 수용하지만
그 정서에는 완벽히 동조가 안 된다.

영천 화남면_ 어느 농가

추운 계절 겨울은 지나가고 개나리가 피고
출근길에서 마주치는
화남면 안천리 능계길에도 봄은 오고 있었다.
농로 같은 포장길을 달리는 차안에서 마주치는
아침의 보드라운 햇살과 공기
FM 라디오를 들으면서 출근하는 길은
언제나 편안해지고 마음의 평화를 가져다준다.

철저하게 아날로그적인
기분과 상황에 빠져 있는 것이 좋기만 하다.

영천 화남면_ 안천리 봄이 오는 농가

들국화의 노래 중에서도
'오후만 있던 일요일'을 좋아했던 것은
오후의 햇살 속에서 느껴보는 나른한 자유였을까?

오래전부터 일요일 오후의
노곤함을 좋아했는데
그 느낌만큼이나 카페의 이름이
'소소한 오후'라 그런지
느슨한 오후의 시간이 잘 어울린다.

청도 각북면_ 카페 '소소한 오후'

가을 나무로 친다면,
우리 고향집 뒤뜰의 불타는 감나무만한 것이 있으랴.
정오의 날빛을 퉁기며 붉게 채색되는
풍경의 시간들,
얼레가 풀려 하늘 높이 가 닿는 마음
한참 동안 어질머리로 견딘 그런 시절이 있었다.

– 배한봉의 시 '타관' 중에서

청도 각북면_ 남산리 감이 익어가는 10월

초원사진관 앞에서

나는 잠시 한석규가 되어서 사진을 담았다.
영화 커플처럼 예뻐 보이던 아이들…
사진 부탁하는 예쁜 커플에게 내 카메라로 찍어서
파일을 메일로 보내 주었다.
이내 감사의 답장이 왔다.
슬그머니 미소가 지어진다.
'예의 바른 젊은이로군'

여행 중 만난 사람, 같이 떠난 사람
길 위에서 만나고 느낀 것들이 소중하게 가슴에 남는다.
그림 그리기에는 무척 더운 여름이었지만
다시 그 시간이 생각난다.

군산_ 초원사진관

광복 70주년
매미소리 짱짱 울어대는
그해 여름, 군산

군산_ 구) 군산세관

군산 근대역사박물관 앞 장미동

뾰족 교회 첨탑 아래
철학 상담을 하는 곳
그리고 가요주점이 어우러져 있던
모습을 그렸다.

군산_ 장미동 골목

군산 월명동

동인슈퍼 앞에서 멈추어 섰다.
낯선 도시의 작은 슈퍼를 보는 것이
마치 고향의 어릴 적 가게 같다.

비로소 숨통이 트이는 듯하다.
아마도 어릴 적 순수했던 때로
돌아간 듯 했기에…

군산_ 월명동 명신슈퍼

세상에서 가장 아름답고 소중한 것은
보이거나 만져지지 않는다.
단지 가슴으로만 느낄 수 있다.

\- 헬렌켈러

군산_ 월명동 중앙종합건재

나는 오래되어 낡고 헤지고
빛바래져 가는 것들에서
연민과 사랑을 느낀다.

군산_ 히로스가옥 ('장군의 아들' 촬영지)

그해 여름

대구에서 고등학교를 다니던 큰 형님이 방학이 되어
잠깐 시골 고향집에 내려 왔을 때 초등학생인 나를 데리고
학교 앞 문방구에서 하드를 사주었던 적이 있었다.

엿가락처럼 녹아들던 여름 날
난 문방구 차양막 아래에서 하드를 먹었고
교복을 입은 형님은 나를 보고
미소 지었던 추억이 지나간다.
형님이 사주었던 그 하드 맛이 평생을 간다.
베스킨라빈스 보다도 달고 달았던…

군산_ 월명동 대우상회

너, 나가 아닌 우리
늙고 쇠잔해져 가더라도
안아주고 위로해 주는 우리
고립된 나보다는 같이 갈 수 있는 우리
그런 우리가 되고 싶다.

–「미생」의 '장그래' 대사 중에서

제주에서의 2박 3일

같이 그림을 그린 우리가 좋았다.

제주도_ 김녕성세기해변

인천공항에서 이륙을 기다리는 비행기는
거의 미동도 없이 엔진음만 거세게 돌았다.
기내에 오른 여인이 스쳐 지나가고 난 뒤 찐한 향수 냄새가
끈적한 실내 공기를 더 갑갑하게 만들었다.

떠나는 일도 참 번거롭고 거추장스러운 것들이 많다.
몇 번이나 여권의 소재를 파악하고,
달러와 베트남 화폐(동)가 담긴
지갑을 확인하고서야 마음의 평정을 찾는다.

어쨌든 가자. 며칠간의 고립이라도 좋다.

베트남_ 하롱베이

베트남

결국 어디에 가든 무엇을 하든 내가 느끼는 것들
나의 관심은 사람들의 모습이다.
낯선 이방인이 접하고 느끼는 것에는 한계가 있겠지만
현실에서 잠시 떠나간 그곳에서도
결국 사람이었다는 것을 고백한다.

베트남_ 하노이

여행을 마무리하며…

베트남은 내게 괜찮은 곳이었고,
다소 삭막했던 시골의 풍경이 좋았고,
절박하게 매달리는 길거리의 가난한 상인들을
외면하는 게 마음에 걸리기도 했지만,
젊은 베트남의 활기는 근대에서 현대로 넘어가는
대한민국의 모습을 어렴풋이 보는 듯했다.

하노이 호안끼엠 호수의 자유롭고 역동적인
축제의 모습에서 자유를 느꼈으며,
길거리 좁은 공간에 플라스틱 의자에서
음식을 먹고 차를 마시는 풍경들,
너무나 소소하고 인간적인 면이 살아 있는
그곳에 다시 가고 싶어진다.

익숙한 곳에서
안전하게만 지내기 보다
섬이든 도시든
낯선곳으로 가서
외로운 존재가 되어 보는 것은
쓸모있는 시도다.

베트남_ 하롱베이 가던 길

2017년 4월13일 PM 6:30분
옌뜨에서 하롱베이로 가던 길에서
Limjongsik

홍콩의 거리는
약간 지저분하고 꼬질꼬질한데
오히려 그게 나한테 맞는 듯하다.
왠지 홍콩 특유의 정감으로 다가왔다.

러닝 셔츠 입은 아저씨가 골목에서 많이 보이던
1990년대의 홍콩이라는 도시의 서정이 사라져가더라도
나는 그림으로, 사진으로, 추억으로
그때와 지금의 홍콩을
오래 기억할 것이니…
습하고 꼬질꼬질한 도시에
비가 내려 주니 좋다.
비 냄새가 좋다.

홍콩_ 홍콩달러 500

2016. 4. 침사추이. 홍콩
Limjongsik

오래된 홍콩의 뒷골목에서
스며 나오는 풍경과 현재의 센트럴 홍콩이 공존하는 도시
빼꼭한 창문들과 얽히고설킨 배관과 선들이 조화를 이룬 곳
외국인들의 모습과 홍콩인들이 교차하며 서로를 스쳐 갔었고,
서로의 삶을 살고, 여행을 하고
나는 여기에 서서 물끄러미 그들을 바라보았다.

홍콩_ 침사추이

센트럴역 부근에

소호(SOHO), Mid-level Escalator가 있었다.
총독관저가 있고, 구 홍콩경찰서 등이 있다.
마치 한국 서울의 인사동과 이태원을 합쳐 놓은 듯한 거리
골동품 같은 옛 물건을 취급하는 가게와
올망졸망한 아름다운 카페들과
이태원에서 많이 볼 수 있는 외국인들이 보였다.

Mid-level Escalator를 타고 오르다보면
양측으로 보이는 건물들과 작은 거리의 모습
과일 가게와 어여쁜 꽃집들이 보였다.
그리고 양조위가 나온 '중경삼림'
영화 속 한 장면 같은 낡은 건물들도 보이기도 한다.
(양조위가 살던 집 창문에서 보면 바로 Escalator가 지나가곤 했었지)

홍콩_ 홍콩만

살아온 기적이
살아갈 기적이 된다고
사노라면
많은 기쁨이 있다고

내가 참 좋아하는 문장이다.
나 혼자 살아온 게 아니고
주변 사람들과의 관계 속에서
살아온 기적들이 앞으로의
살아갈 수 있는 당위성
그것이 기적이라는
희소가치의 단어이지만
일상이 기적이라는 상황을
잘 표현해낸 문장인 듯하다.

분명 사노라면 소소하게
많은 기쁨이 있다는 게
그게 살아갈 기적이라고
믿는 사람이다.
누군가가 도움을 줄 것이고
위로하며 서로 아끼고
감사하며 사랑하는…

인도 갠지즈강에서 기도하는 모습

아빠는 열심히 그림을 그리고

아들은 롤(LOL) 게임을 열심히 했던

2017년 7월 대프리카의 여름을 추억하며…

2017년 10월 30일 초판 1쇄 인쇄
2017년 11월 4일 초판 1쇄 펴냄

지은이 | 임종식
펴낸이 | 이철순
디자인 | 이성빈

펴낸곳 | 해조음
등　록 | 2003년 5월 20일 제 4-155호
주　소 | 대구광역시 중구 남산대로13길 17 보성황실타운 109동 101호
전　화 | 053-624-5586
팩　스 | 053-624-5587
e-mail | bubryun@hanmail.net

ISBN 978-89-92745-64-2 03650
• 잘못된 책은 바꾸어 드립니다.　• 책값은 뒤표지에 있습니다.